O Cheio de Graça

As revelações místicas recebem a Sanção da igreja quando se julga que correspondem à doutrina e morais Católicos. Uma Sanção é Latim para "dar que se imprima». Estas revelações estão destinadas a preencher as fendas deixadas na Bíblia devido à censura durante a fase inicial da Fé Cristã e também devido a erros de tradução. Revelam as coisas que aconteceram como aconteceram. Não se destinam a substituir a Bíblia.

***O Cheio de Graça:***

Os Primeiros Anos.

O Mérito.

A Paixão de José.

O Anjo Azul.

A Irmandade de Jesus.

***Sigam-me:***

Tesouro com 7 Nomes

Onde há Espinhos, também haverá Rosas

Por Amor que Persevere

***As Crónicas de Jesus & Judas Iscariotes:***

Eu Vejo-o Como É

Aqueles que estão Marcados

O Cheio de Graça

# Lamb Books
## Adaptações Ilustradas para Toda a Família

## LAMB BOOKS

Publicado por Lamb Books, 2 Dalkeith Court, 45 Vincent Street, London
SW1P 4HH;

UK, USA, FR, IT, SP, DE

### www.lambbooks.org

Publicado pela primeira vez por Lamb Books 2013
Esta edição
001

Direitos de Autor do Texto @ Lamb Books Nominee, 2013

Direitos de Autor das Ilustrações @ Lamb Books, 2013
O direito moral do autor e do ilustrador foi afirmado
Todos os direitos reservados

O autor e publicador estão agradecidos ao Centro Editoriale Valtoriano em
Itália pela Permissão de citar o Poema do Homem-Deus por Maria Valtorta,
por Valtorta Publishing

Sediado em Bookman Old Style
Impresso e encadernado por CPI Group (UK) Ltd, Croydon, CR0, 4YY

Exceto nos EUA, este livro vende-se sujeito à condição que não deve ir,
por meio do comércio ou de outra maneira, emprestar-se, revender-se,
alugar-se fora, ou de outra maneira fazer-se circular sem o consentimento
prévio do publicador em qualquer forma de ligação ou cobertura outra do
que isto no qual se publica e sem uma condição semelhante, inclusive esta
condição que se impõe ao comprador subsequente.

### ISBN: 978-1-910201-80-0

# o Cheio de Graça

**O Mérito**

LAMBBOOKS

# Agradecimentos

O material neste livro é adaptado de A Cidade Mística de Deus, pela Irmã Maria de Jesus de Agreda, que recebeu o Imprimatur em 1949 e também o Poema do Homem-Deus (O Evangelho Conforme Me Foi Revelado), aprovado primeiramente pelo Papa Pio XII em 1948, quando numa reunião no dia 26 de Fevereiro de 1948, testemunhada por outros padres, ele ordenou três padres para "Publicar a obra conforme está". Em 1994, o Vaticano atendeu às preces dos Cristãos de todo o mundo e começou a examinar o caso para a Canonização de Maria Valtorta *(Little John)*.

Ainda é sujeito a muita controvérsia, quer racional e política, como o são muitas grandes obras. No entanto, a Fé nunca é sujeita a racionalismo ou política.

O Poema do Homem-Deus foi descrito pelo confidente do Papa Pio como "edificante". As revelações místicas há muito que foram o domínio de padres e do clero. Agora, estão acessíveis a todos. Que todos que irão ler esta adaptação, que funde partes da Cidade Mística de Deus e do Poema do Homem-Deus, encontrem também algo edificante. Através desta luz, que a Fé seja renovada.

Agradecimentos Especiais ao Centro Editoriale Valtortiano em Itália pela permissão para citar o Poema do Homem-Deus por Maria Valtorta, cuja alcunha é Little John.

Como eu não adiciono novo material a estas histórias, eu escolhi permanecer anónima.

O Cheio de Graça

Porque Ela possuía a maior pureza que uma criatura de Deus deve ter.

A Mais Santíssima Trindade descendeu com as Suas perfeições, viveu com as Suas Três Pessoas, e confinou o Seu infinito num pequeno espaço.

Mas não depreciou a Si Mesmo ao fazê-lo, porque o amor de Deus alargou este espaço até terem transformado isso num Paraíso..."

Jesus, 22 de Agosto de 1944: Poema do Homem-Deus por Maria Valtorta

A Rotina Diária de uma Virgem do Templo    10

A Virgem Amada por Deus    16

A Questão da Lei    27

O Noivado    35

O Casamento de Maria    47

O Retorno a Nazaré    58

A Anunciação    69

José sabe da gravidez de Isabel    77

José vê Maria partir para visitar Isabel    85

# A Rotina Diária de uma Virgem do Templo

Apesar de Maria não o saber ainda, desde o início dos tempos, Deus escolheu-A especificamente para ser a nova Eva, a Mãe da Palavra Encarnada. Conforme a Palavra irá ensinar a humildade e santidade, e escolhe o sacrifício como o tesouro mais apreciado aos olhos de Deus, Maria tem de conseguir a Sua parte de mérito para Se transformar na Sua Mão. E, então, Ela deve viver os mesmos trabalhos e dificuldades, ser admirável nos seus sofrimentos e distinguida na sua paciência.

Com a sua chegada ao Templo em Jerusalém, a Maria de três anos oferece-Se completamente ao Senhor. Então, ela toma todos os seus pertences deste mundo a Ana de Fanuel, que será Sua professora durante a Sua estadia como uma das Virgens do Templo.

Durante a sua introdução ao Templo, Ela envia um pedido ao Alto Padre e a Ana para prescrever uma rotina diária para Ela e dar-Lhe direcções sobre os trabalhos atribuídos.

Ana e o Alto Padre, juntos, consideram a petição de Maria e invocam a Filha para uma entrevista.

Durante essa entrevista, Maria está de joelhos e, quando Lhe é dada permissão para Se levantar, Ela humildemente suplica para que lhe permitam manter-Se de joelhos perante o Mais Alto e a sua professora, tendo em conta o seu trabalho e dignidade.

'Minha Filha', diz o Padre, 'Deus chamou-Te para a Sua casa numa idade muito jovem. Sê grata por este favor; serve-O na verdade e com um coração puro. Obedece à Tua Senhora, Ana, e aprende a virtude para que na altura em que abandones este local sagrado, Tu estarás fortificada contra o mal do mundo'.

'Meu Mestre e Minha Senhora', responde Maria, 'comandem-me e ensinem-Me em tudo o que faço para que eu seja perfeita; eu imploro isto de vós, desejando obedecer em todas as coisas.'

O Alto Padre e a Ana ficam inspirados pela humildade e vontade de Maria. Eles retiram-se para considerar o assunto e concordam em tomar especial cuidado com Ela. Maria mantém-se de joelhos e, com a sua chegada, o Alto Padre dá-Lhe as seguintes instruções:

'Irás ajudar no exercício de devoções e canções de Louvor para o Mais Alto.'

'Rezai sempre pelas necessidades do templo e pela vinda do Messias.'

'Irás dormir às 20 horas de todos os dias e levantar-Te-ás no nascer da alvorada para participar nas canções de louvor até às 9 da manhã.'

'A partir das 9 até ao almoço, deves participar em trabalhos manuais e lutar para ser ensinada em tudo.'

'Nas refeições, observarás moderação adequada.'

'Após as refeições, terás lições com a tua professora.'

'Então, passarás o resto do dia a estudar as Escrituras Sagradas.'

'Entre todas as coisas, sê humilde, ama e sê obediente para as ordens dos teus professores.'

No final da entrevista, Maria levanta-Se com os Seus joelhos, beija a mão do Alto Padre e depois de Ana.

Ela decide seguir todas as instruções dadas até ordem em contrário.

Na verdade, as ações de Maria excederam em grande parte aquilo que Lhe era requerido, sempre Se sujeitando ao que os Seus superiores quisessem. Primeiro, Ela pede a Ana para Lhe permitir servir a todos. Ela limpa as salas,

arruma os pratos e faz os trabalhos mais
humildes. Ela prescinde dos privilégios especiais
que são acordados a todos, que são considerados
com maior respeito.

Ela acorda mais cedo do que é preciso e come
menos do que a Sua parte. Ela dá a toda a tarefa
o tempo que precisa, fazendo-o diligentemente,
e é tão eficiente que ela ganha tempo e consegue
ajudar os outros nas suas tarefas.

Muito rapidamente, Ela domina todas as
cerimónias e responsabilidades do templo até ao
último pormenor e é excelsa nos Seus estudos.

Todas as manhãs e noites Ela pede pela bênção
de Ana e beija a sua mão. Todo o dia, ela é
excessivamente humilde, doce e amigável e está
sempre pronta e mostrar bondade para as outras
virgens do Templo, obedecendo-as da mesma
forma como Ela obedece a Ana. Ela purifica todos
os seus corações.

Na privacidade da Sua cela, Ela estuda as
Escrituras, familiarizando-Se com os mistérios
da fé e os sacramentos, retirando-Se para a sua
humilde cama na hora certa.

Com o passar dos anos, Maria faz e renova
conexões mais e mais próximas com Deus.
Ela pensa que Ela sonha, mas na verdade, Ela
lembra-Se de Deus - como todos os santos - e
o vislumbre dos esplendores do Céu que Ela

viu no momento em que a Sua alma foi criada.
Assim, Ela reconhece e acredita que Deus é
Divino, Infinito e Omnipotente. E que existem
Três Pessoas diferentes e reconhecíveis no Deus
Único. Ela sabe das coisas que agradam a Deus e
Ela fá-las de coração cheio porque Ela ama-O. E
então, Ela cresce em graça, beleza e elegância, e é
excelsa em cortesia. E todos os que A conhecem,
estão amarrados por um feitiço de admiração e
amor para Ela.

## A Virgem Amada por Deus

Toda vestida de branco e usando o Seu pálido cabelo dourado, tão pálida que Ela tem manchas de prata em duas tranças grossas que caem sobre o Seu ombro até à cintura, a Maria, com 12 anos, está sentada num pequeno quarto branco, costurando.

O seu rosto, num oval perfeito já que se aproxima da flor da feminilidade, é atencioso. Ela começa a cantar em voz baixa:

*« Como uma estrela em água limpa*
*uma luz brilha de dentro do Meu coração.*
*Esteve Comigo desde a Minha infância*
*e guia-Me atenciosamente com amor.*
*Nas profundezas do Meu coração, há uma música.*
*De onde vem?*
*Homem, vós não sabeis.*
*Vem de onde o Santo descansa.*
*Eu olho para a Minha estrela clara*
*E não quero mais nada,*

*Nem mesmo a mais querida coisa,*
*Excepto esta doce luz que é toda Minha.*
*Vós trouxestes-Me do Céus acima,*
*Ó Minha estrela, dentro do ventre de uma mãe,*
*E agora Vives em Mim, mas por detrás do véu*
*Eu vejo a Vossa gloriosa face, Pai.*
*Quando concederás ao Teu servidor a honra*
*De ser a ama humilde do Salvador?*
*Envia-Nos o Messias dos Céus,*
*Aceita, Santo Pai, a oferta de Maria.»*

Através da janela aberta atrás Dela, pode-se ver a cúpula central do Templo, lances de escada e varandas e do muro que circunda o templo para além da qual as ruas de Jerusalém, suas casas e jardins, se esticam a distância, todo o caminho para o topo verde distante do Monte das Oliveiras.

Maria termina a canção com um sorriso e um suspiro e fica em silêncio por um momento, antes de Ela deixar de lado a costura e ir para baixo, de joelhos, para orar com o rosto levantado para cima, para o Céu do verão azul claro. Como Ela reza, o seu rosto parece dar uma luz de dentro que se acende primeiro do rosto, dando um tom rosado claro à Sua pele branca como a neve, e então ao quarto, irradiando depois para o mundo todo.

Ana entra conforme Maria está a subir de joelhos e o olhar de êxtase no rosto de Maria faz com que

O Mérito

Ana pare de espanto
'Maria!' chama Anna.

Maria vira-se, com um sorriso diferente, mas ainda bela no seu rosto. 'A paz esteja convosco Ana', diz ela.
'Estavas a orar? As suas orações nunca são o suficiente para Si?'
'Elas seriam o suficiente. Mas eu falo com Deus. Ana, eu não posso dizer o quão perto eu senti-Lo no meu coração. Que Deus perdoe o meu orgulho. Mas eu não Me sinto só. Veja? Ali naquela casa de ouro e neve atrás da Cortina dupla, está a glória do Santo dos Santos, que ninguém, exceto o Sumo Sacerdote, ousa olhar. Mas a minha alma adorada não precisa de olhar para a cortina bordada que treme nas canções de virgens e levitas e é perfumada com incenso precioso, como se Eu quisesse furar o Seu tecido e ver o testemunho brilhar através Dele. Eu olho para Ele! Não pense que eu não olho para Ele com adoração olhos como todos os filhos de Israel. Não pense que o orgulho me cega e me faz pensar o que eu agora disse. Eu olho para Ele e não há servo humilde entre o povo de Deus que se pareça mais com humildade na Casa do Senhor do que Eu, porque estou convencida de que Eu sou o menor de todos. Mas o que Eu vejo? Um véu. O que Eu acho que está por detrás do Véu? Um Tabernáculo. O que tem dentro?

Se Eu ouvir o Meu coração, eu vejo Deus brilhando na Sua glória amorosa e Ele diz-Me "eu amo-Te", e eu respondo também "eu amo-Te" e eu morro e eu sou recriada em cada batida do meu coração neste beijo recíproco... Eu estou aqui entre vocês, professores e companheiros, mas um círculo de fogo isola-Me de vós. Dentro desse círculo: Deus e Eu. E vejo através do fogo de Deus e, por isso, eu amo-Te... mas eu não posso amar-Te, segundo a carne, nem eu jamais seria capaz de amar alguém segundo a carne. Eu só posso amar Aquele que me ama, de acordo com o espírito. Este é o meu destino.

A lei secular de Israel quer que cada menina seja uma esposa e cada mulher suma mãe. Mas, enquanto obedecendo a Lei, devo obedecer à Voz que sussurra para Mim: "Eu quero-Te"; Eu sou virgem e virgem eu permanecerei. Como deverei ter sucesso?

Esta presença invisível doce que está comigo vai-Me ajudar, pois é o Seu desejo. Eu não tenho medo. Eu não tenho mais o meu pai e a minha mãe... e só Deus sabe o quanto Meu amor por qualquer ser humano pertencia a Mewas queimado em dor. Agora, apenas tenho Deus. Por isso, obedeço sem questionar.... Eu teria feito o mesmo também, independentemente do meu pai e da minha mãe, porque a Voz me ensinou que quem quiser segui-Lo deve ir além do pai e da mãe; os pais são patrulhas de amor assistindo os corações dos seus filhos, e eles desejam levar a felicidade de acordo com os seus planos... desconhecem outros planos que levam à felicidade infinita... gostaria de ter deixado os Meus vestidos e mantos para seguir a voz que Me diz: "Vem, meu amado esposo." Gostaria de tê-los deixado tudo e as pérolas das minhas lágrimas pois eu teria chorado por desobedecer a eles e os instintos do meu sangue. Porque eu teria desafiado até mesmo a morte para seguir a Voz, teria dito a eles que existe algo maior e mais doce do que o amor de um pai e mãe e que é a voz de Deus. Mas agora, por Sua vontade, estou livre desse laço de amor filial. Não, ele não teria sido um empate; os Meus pais eram apenas duas pessoas e Deus certamente falou-lhes como Ele fala comigo. Eles teriam seguido a justiça e a verdade. Quando Eu penso neles, eu imagino-os na expectativa de tranquilidade entre os Patriarcas e acelerar com o Meu sacrifício e a vinda do Messias para abrir-lhes as portas do Céu. Eu sou o meu próprio guia na terra, ou melhor, Deus guia o Seu pobre servo, dando-Lhe os seus mandamentos e eu cumpro-os, pois é uma alegria para mim a obedecer.

quando chegar a hora, irei revelar o meu segredo para o cônjuge.... e ele vai aceitá-lo.'

'Maria, porém, que palavras encontraria para convencê-lo? Você terá o amor de um homem, a Lei e a vida contra Ti'

'Vou ter Deus comigo...', responde Maria com confiança. 'Deus ilumine o coração do cônjuge... a vida vai perder os incentivos dos sentidos e tornar-se uma flor pura com fragrância e da caridade. A Lei... Ana, não Me chame um blasfemo. Eu acho que a Lei está prestes a ser alterada. Por quem você acha que, se ele é divino? Até o único que pode alterá-lo; por Deus. O tempo está mais próximo do que você pensa, eu lhe digo. Porque quando eu estava lendo Daniel, uma grande luz veio para mim do fundo do meu coração e eu entendi o significado das palavras enigmáticas; setenta semanas será encurtado por causa das orações dos justos. Isso significa que o número de anos está sendo alterado? Não. Uma profecia nunca está errado.

Mas a medida do tempo profético é o curso da lua, não do sol. Por isso eu digo: "Perto é a hora em que o bebê nascido de uma Virgem será ouvida chorando"

oh! Desde que esta Luz que me ama diz-Me tantas coisas, eu desejo que me dissesse onde a felizarda mãe está que irá dar à luz o Filho de Deus e Messias da Sua gente!

Descalça viajaria pelo mundo, nem frio nem gelo, nem pó nem calor, nem besta selvagem nem fome Me iriam prevenir de alcançá-La e eu iria dizer a Ela: "Conceda ao Vosso servidor e ao servidor dos servidores de Cristo que eu viva debaixo do Vosso tecto. Eu irei virar a Vossa mó, use-Me como escravo para trabalhar na Vossa mó e ver as Vossos rebanhos, fazei-Me lavar nos lençóis da Vossa Criança... Trabalharei na Vossa cozinha, no Vosso forno, onde quiserdes... Mas recebei-Me. Que eu O veja! E ouça a Sua voz! E receba o Seu olhar!"

E se Ela não Me quisesse, Eu viveria na Sua porta como um pedinte, no tempo frio ou quente, apenas para ouvir a voz da Criança Messias e o eco do Seu sorriso, e vê-Lo a passar... e talvez um dia Ele me ofereceria um pedaço de pão...

Oh! Se Eu estivesse a morrer de fome e eu estivesse a desmaiar devido a jejum excessivo, eu não iria comer esse pão. Eu traria junto do Meu coração como um saco de preciosas pérolas e iria beijá-lo para cheirar o perfume da mão de Cristo e nunca teria muita fome ou frio, porque o seu toque dar-Me-ia êxtase e calor, êxtase e alimento...'

'Deveríeis ser a Mãe do Messias, pois vós ama-Lo assim tanto!' diz Ana com lágrimas nos seus olhos. 'É por isso que Vós desejais permanecer virgem?'

'Oh! Não. Pó e miséria que sou, eu não ouso levantar os olhos para a Glória. É por isso que não me atrevo a olhar ao duplo Véu atrás do qual existe a invisível Presença de Jeová... lá está o terrível Deus de Sinai. Aqui no meu coração, Eu vejo o Nosso Pai, uma Cara amorosa que sorri e me abençoa, pois eu sou um pequeno pássaro que o vento sustenta sem sentir o seu peso. Eu sou fraca como o bater de asas de uma borboleta que só pode florescer e presentear o vento com a sua doçura pura. Deus! Meu amado Vento!

Não é por causa disso. Mas por causa do Filho de Deus e de uma Virgem, O Santo do Mais Santo pode mas como ele no Céu escolheu como Sua Mãe e o que na Terra fala-Lhe do Seu Pai do Céu: Pureza.

Se a Lei ponderasse que, se os rabis, que complicaram a Lei com todos os problemas dos seus ensinamentos, virassem as suas mentes para horizontes mais abrangentes, apontado para coisas sobrenaturais, abandonassem os seus assuntos lucrativos e humanos que lhes fazem esquecer o Fim supremo, eles deveriam, acima de tudo, fazer Pureza o assunto dos seus ensinamentos para que o Rei de Israel o encontre quando Ele chegar. Com os ramos de oliveira do Pacífico e as palmas do Triunfador, espalhando borboletas, borboletas, borboletas... Quanto Sangue do Salvador terá de ser derramado para nos salvar! Quanto mesmo! Desde as centenas de feridas que Isaías viu no Homem das Tristezas, um fluxo de sangue cai de um vaso poroso.

Que este Sangue divino caia nos cálices de pureza flagrante que o receba e o junte para as

almas leprosas e doentes e para aqueles que
estão mortos para Deus.

Dai borboletas para limpar com as puras pétalas
o súor e lágrimas de Cristo!

Dai borboletas pelo Seu ardente desejo de ser
Mártir!

Oh, onde estará aquela borboleta, que o irá
carregar?

Onde estará a Borboleta que irá saciar a Vossa
sede, que ficará vermelha com o Seu Sangue, que
irá morrer pela dor de O ver morrer, e irá chorar
pelo Seu corpo sem sangue? Oh! Cristo! Cristo!
Meu desejo!..."

Maria perde as forças e chora em silêncio.

Ana, também, mantém-se em silêncio por
algum tempo e depois diz, numa voz cheia de
sentimento 'Tendes algo mais para me ensinar,
Maria?'

Maria levanta-se e, como Ela é tão humilde, Ela
teme ter chateado Ana. 'Oh! Perdoai-Me! Vós
sois a minha professora. Eu não sou nada. Mas
esta voz vem do Meu coração. Eu controlo-a
para evitar falar mas como um rio que banha
as suas encostas, agora apoderou-se de mim
e saíu do seu seu curso. Por favor não deis
mais atenção Às minhas palavras e perdoa a
minha presunção. Palavras de mistério devem

permanecer nas profundezas do coração de cada um que Deus ajuda na Sua Bondade. Eu sei. Mas esta Presença Invisível é tão doce que eu estou cheia de alegria... Ana, por favor perdoai a vossa pequena servidora!'

Os lábios de Ana treme e as lágrimas estão a encher de rugas profundas a sua cara simpática. Ela agarra Maria firmemente nos Seus braços e Maria deixa a Sua cabeça contra o peito da Sua professora.

# A Questão da Lei

Temos pôr do sol vermelho num dia claro do final de outubro, o ar é grosso com a fragrância de incenso. As árvores nos jardins de Jerusalém estão a ficar amarelo alaranjado, acrescentando manchas de ouro vermelho para o verde prateado das oliveiras.

Um grupo de raparigas, virgens, todas vestidas de branco e falando com vozes baixas, vem de dentro do Templo, passam o jardim, sobem as escadas até outro jardim, que está selado de todos os lados excepto pela única entrada. Quando se encontra dentro do jardim, Maria, que nada disse até ao momento, faz uma despedida melosa aos Seus amigos e depois, como um conjunto de pombos após um ajuntamento, as raparigas dispersam-se em todas as direções, voltando para os seus quartos. A Maria vai para o Seu quarto, que está num canto do lado direito. Uma professora mais velha, mas um pouco mais nova que Ana, vem falar com Maria. 'O Alto Padre quer ver-Te', diz ela. Maria é surpreendida, mas responde 'Irei imediatamente.'

Maria curva-Se e espera no limiar de um salão amplo, bem decorado e iluminado. 'Entrai, Maria', diz o Sumo Sacerdote, 'não tenha medo.'
Maria avança lentamente. Há um terceiro homem na sala, trajando vestes imponentes. Ana de Fanuel sorri, encorajando, e Zacarias diz 'paz para vós, prima'.

O Alto padre olha para Maria cuidadosamente, pesando-A, e depois ele diz 'Ela é claramente de David e Aaron...'

'Minha filha,' diz o Alto Padre, 'Eu sei que nascestes na graça e bondade antes de Deus ou homens todos os dias. Vós sois uma Flor do Templo de Deus e uma Criança ante o Testemunho. Mas sois uma mulher agora, e manda a lei que cada mulher deverá ser uma esposa para trazer um filho ao Senhor. Não tenhais medo. Não corais. Eu sei de vossa realeza. Não conheceis ninguém, Maria, que poderia ser vosso marido?

Maria cora tão violentamente, que ela transformou-se num rosa claro e os Seus olhos enchem-se de lágrimas. 'Não, Ninguém', responde ela com uma voz tremida.

'Ela veio aqui na Sua infância e a raça de David

está demasiadamente espalhada... não é possível para Ela conhecer alguém', explica Zacarias.

'Então deixaremos a escolha nas mãos de Deus', conclui o Sumo Sacerdote.

Mas as bochechas de Maria estão húmidas de lágrimas e Ela olha para Ana pedindo clemência.

'Maria deu-Se ao Senhor pela Sua glória e pela salvação do mundo, desde que Ela era uma pequena Criança ainda a aprender a ler e a escrever', explica Ana, ajudando-A.

'É por isso porque choras?' pergunta o Sumo Sacerdote. 'E não porque quereis resistir à Lei?'

'Só por isso... nada mais. Irei obedecer, Padre de Deus.'

Isto confirma aquilo que me foi contado sobre ti. Os seus desejos santos são aceitáveis para o senhor, mas lembre-se que nenhuma senhora de Israel se pode abster de casar pois esperamos a chegada do Messias. Há quanto tempo está confinada ao Senhor?'

'Desde sempre, acho eu. Eu ainda não estava no templo e já me tinha dado ao Senhor.'

'Mas...' diz o Padre, algo confuso, 'não fostes tu que me chegou há doze anos atrás e me pediu que fosse concedida a entrada? Muito bem, como podeis dizer já pertencias ao Senhor então?'

'Se eu olhar para trás, eu estava confinada... eu não me lembro quando nasci, nem me lembro como comecei a amar a Minha mãe e dizer ao Meu pai: "pai, Eu sou a tua filha."... Mas eu lembro-Me que dei o Meu coração a Deus, apesar de não saber quando tudo isso começou... talvez foi com o primeiro beijo que pude dar, com a primeira palavra que aprendi a dizer, o primeiro passo que dei...
... Sim, eu penso que a minha primeira recordação de amor com o meu primeiro passo firme; ... minha casa... perto da casa onde havia um jardim cheio de flores... e existia uma orquídia e alguns campos... e existia uma fonte lá atrás, debaixo do monte, e a água saía de uma rocha solitária que formava uma caverna...
... estava cheia de longas ervas finas que caíam do telhado como pequenas cascatas verdes em todo o lado e pareciam estar a chorar por causa das pequenas folhas, que pareciam um trabalho minucioso, e que tinham pequenas gotas nelas que tintinavam como pequenos sinos quando caiam para o chão...
... Também a fonte parecia estar a cantar. E haviam pássaros nas oliveiras e macieiras acima da fonte e pombas brancas que vinham e lavavam-se na água clara da fonte... Eu tinha parado de pensar em tudo isso porque eu tinha colocado todo o Meu coração em Deus e, com a excepção do Meu pai e mão, os quais amarei na vida e na morte, qualquer outra coisa deste mundo desapareceu do meu coração...

O Mérito

Mas fizestes-Me pensar nisso... Eu devo saber quando Eu Me entreguei a Deus e as coisas dos Meus primeiros anos voltam à Minha mente... eu adorava aquela gruta porque foi lá que ouvi uma voz mais doce do que o som da água e dos pássaros, que me dizia 'Vinde, Minha Amada'....
... Eu amava aquela ervas cobertas de gotas de cor de diamante porque, nelas, eu via o sinal do Meu Senhor.

E eu diria para Mim Mesma, 'Ó alma Minha, vê quão grande o teu Deus é. Ele que fez as cidreiras do Líbano para as águias, também fez estas pequenas folhas que se curvam sob o peso do mosquito.

E Ele fê-las para o gáudio dos Teus olhos e a protecção dos Teus pequenos pés". Eu adorava aquele silêncio puro das coisas: a brisa leve, a água prateada, a pureza das pombas... Eu adorava a paz que existia naquela pequena caverna, desde as macieiras, agora cheias de botões, que depois iriam dar fruta bela... E Eu não sei... a Voz parecia dizer para mim, sim, apenas para Mim, "vinde, magnífica oliveira, vinde maçã doce, vinde minha fonte, vinde bela pomba"... doce é o amor de um pai, doce um amor de uma mãe... doce seriam as vozes as chamarem-Me... mas esta, esta!

Oh! No Paraíso terreno, eu penso que ela que se sentiu culpada, o ouviu. E eu não compreendo

como ela preferira uma tentação à voz do amor.
Como ela desejou qualquer outro conhecimento
que não o de Deus...

Com os meus lábios que ainda sabiam ao leite
da minha mãe, mas com o meu coração cheio
de mel celestial, Eu então disse "Aqui estou Eu.
Estou a ir. Sou Vossa. Ninguém terá o meu corpo,
excepto Vós, Meu Senhor. Nem terá a minha alma
qualquer outro amor..." E ao dizê-lo, pareceu-Me
que eu estava a dizer de novo coisas que já antes
tinha dito... e que eu estava a cumprir um ritual
já cumprido, e que a esposa escolhida não Me
era estranha mas eu já sabia do seu ardor e a
minha vista tinha sido formada pela Sua luz e a
minha capacidade de amar tinha sido preenchida
pela sua capacidade de amparar... quando? Eu
não sei. Para além da vida, diria Eu, porque Eu
sempre senti que O tinha e que ele Me tinha,
e que eu existia porque Ele me queria para o
gáudio do Seu espírito e Meu....
... agora Eu sigo-o, ó Padre. Mas dizei-Me como
Me devo comportar... Eu não tenho pai nem mãe.
Por favor seja o meu guia.'

'Deus dará o Vosso marido', respondeu o Padre, 'e
ele será um homem Santo porque Vós confiastes-
Vos a Deus. Ireis dizer os Vossos votos.'

'E irá ele aceitar?'

'Espero que sim. Rezai, minha filha, que ele
compreenda o Vosso Coração. Ide agora. Que

Deus vos acompanhe sempre.'

Maria sai.

# O Noivado

Dentro do complexo do templo, num salão ricamente decorado com cortinas de luxo, um piso bonito e belos tapetes e móveis embutidos, vários sacerdotes, Zacarias e uma série de homens estranhos na faixa etária 20-50, esperam, falando em tons animados em tom baixo. Eles estão vestidos com as suas melhores roupas, novas e recentemente limpas. É percetível que vieram para uma ocasião especial, talvez alguma festa.

Os homens mais jovens, para acentuar a sua vantagem, tiraram os seus turbantes, expondo as suas cabeças e mostrando os seus cabelos sedosos; Alguns loiro escuro, alguns castanho, outros preto, e um ruivo.

Claramente desconhecidos entre si, mas com uma causa comum, eles observam-se mutuamente com curiosidade, parecendo tentar descobrir uma maneira de superar a concorrência.

Num canto, conversando com um homem idoso saudável, está um homem jovem e bonito, com cerca de trinta e três anos, de cabelos castanhos-escuros curtos e encarolados, barba e bigode, um queixo bem feito e bochechas rosadas. Os seus olhos são profundos, gentis e muito sério, mas um pouco tristes. Até que sorri e o seu rosto ilumina-se, deixando até idade para trás. Ele veste uma túnica castanha clara simples, mas muito bem arranjada. O seu nome é José.

Um grupo de jovens levitas* entra e espera perto de uma longa mesa estreita encostada á parede. A parede tem uma porta, aberta, sobre a qual paira uma única cortina que chega a cerca de 8 centímetros do chão.

*Os levitas eram uma tribo hebraica que muitas vezes serviu como assistentes dos sacerdotes no templo.


Os convidados, em conjunto, viram-se para observar uma mão surgir de trás da cortina, puxando-a, para permitir a passagem de uma levita. Ela segura um feixe de galhos secos em suas mãos, em cima do qual, um galho em flor está colocado delicadamente: A flor parece uma espuma de luz de pétalas brancas com um tom rosado vago, que desaparece gradativamente e suaviza como se se espalha-se a partir do centro para as pontas das pétalas. Cautelosamente, a levita coloca o molhe sobre a mesa, atraindo o olhar de todos os reunidos com os seus movimentos, focados no milagre do galho em flor no meio de tantos galhos secos.

Ouve-se alguns sussurros animados que se espalham rapidamente por todo o corredor e um após o outro, os homens esticam os pescoços e aguçam o olhar poder ver. Zacarias, perto da mesa com os outros sacerdotes, também se estende e olha, mas não consegue ver nada.

Ainda no canto com o homem idoso, José espreita rapidamente, em seguida, responde a algo que o velho disse, balança a cabeça com firmeza e sorri.

Na explosão de uma trombeta vinda de trás da cortina, o silêncio desce na sala e todos se viram para a porta, onde, agora sem a sua cortina, uma série de sumos-sacerdotes e anciãos entram pela porta e fazem uma profunda reverência.

O pontífice aproxima-se da mesa e, de pé, começa a falar;
"Os homens da casa de David reúnem-se aqui, neste último dia da Festa da Dedicação, o Senhor falou! Glória a Ele! De Sua Glória, um raio desceu como o sol na primavera e milagrosamente deu vida e flor a um galho. Nenhum outro ramo na terra está em flor hoje, pois as montanhas de

Judá ainda estão cobertas de neve entre Sião e Betânia. Deus tem falado como Pai, Guardião e único protetor da Virgem de David, uma menina santa, a glória do Templo; Ela mereceu a palavra de Deus para saber o nome de um marido que agradaria ao Eterno. Ele deve ser um homem muito só para ser escolhido pelo Senhor como protetor da virgem tão querida para Ele!... Por este motivo, a nossa tristeza em perdê-la é aliviada e todas as preocupações sobre o seu destino como esposa irão cessar! Para ele, nós entregamos de plena confiança, a virgem abençoada por Deus e por nós mesmos. O nome do marido é José de Jacob de Belém, da tribo de David, um carpinteiro em Nazaré, na Galiléia. José: aproxime-se. É uma ordem do Sumo-Sacerdote"

Uma onda de sussurros levanta-se, as cabeças movem-se em volta, os olhos lançam olhares curiosos e as mãos fazem sinais e, no outro lado do corredor, há expressões de deceção e de alívio, especialmente entre os homens mais velhos.

José, corado e envergonhado, aproxima-se da mesa e cumprimenta o pontífice com reverência.

"Todos têm que ver o nome gravado no ramo e levar o seu próprio ramo, para verem que não há engano" ordena o Pontífice.

Um por um, todos os homens vêm para a frente e

vêm o ramo cautelosamente exposto pelo sumo-sacerdote. Então, cada um leva o seu próprio ramo; alguns quebram-no, outros não. Todos olham para José; Alguns em silêncio, outros parabenizam-no. O idoso saudável, sabiamente, diz a José: "Eu disse-te José, aquele menos confiante, é aquele que ganha o jogo!"
Então, o Sumo-Sacerdote dá o ramo em flor a José, coloca a sua mão no ombro de José e diz "a cônjuge que o Senhor lhe deu não é rica, como sabe, mas ela tem todas as virtudes. Seja digno para com ela. Não há Israel mais bonita ou pura."

Dispensados, todos os convidados deixam o espaço, deixando apenas José e Zacarias. A cortina volta a cobrir mais uma vez a porta.

"Tragam a noiva!" ordena o Sumo-Sacerdote.

O silêncio reina.
Então o sumo-sacerdote diz a José, que está humildemente ao seu lado: "Maria deseja informá-lo de uma promessa que ela fez. Por favor, compreenda a Sua timidez. Seja bom para ela, assim como ela o é."

"Minha força e autoridade masculina estão ao seu serviço. Nenhum sacrifício em nome dela irá ser pesado para mim. Não se esqueça disso."

Maria entra com Zacarias e Anna de Fanuel.

O Mérito

"Vem Maria", diz o pontífice. 'Aqui está José de Nazaré, o cônjuge que Deus apontou para você. Irás, portanto, voltar para a sua própria cidade. Deixo-vos agora. Que Deus vos abençoe e vos proteja. Que Ele possa mostrar o seu rosto para vós, que tenha misericórdia vos dê a paz."

Zacarias acompanha o Pontífice até o exterior. Anna felicita José e afasta-se.

O jovem casal fica agora sozinho frente a frente; Maria, corada, com a cabeça baixa. José, também com o rosto vermelho, olha para ela e esforça-se para encontrar as primeiras palavras a serem ditas. Eventualmente, ele encontra-as e um sorriso ilumina os seus olhos; "Congratulo-me consigo Maria". Arrisca ele. "Eu a vi quando era apenas um bebé, com apenas alguns dias de vida... Eu era amigo do seu pai e eu tenho um sobrinho, filho do meu irmão Alfeu, que foi um grande amigo da sua mãe. O seu amiguinho, porque ele tem apenas dezoito anos, e ainda antes de teres nascido, ele era apenas um menino, e ele sempre animava a sua mãe e ela amava-o muito. Não me conhece, porque eras apenas uma menina quando veio até aqui, mas todos em Nazaré a amam e tudo o que eles pensam e falam é da pequena filha Joachim, A qual o nascimento foi um milagre do Senhor, que fez a velha senhora estéril dar á luz maravilhosamente... e eu lembro-me dessa noite... Todos nos lembramos por causa do

prodígio da chuva que salvou o país da seca e da violenta tempestade que não prejudicou até mesmo a haste de uma urze e terminou com um arco-íris tão grande e bonito, dum tipo que nunca tinha sido visto antes. E então... Quem não se lembra da felicidade de Joaquim? Ele levantou-a, mostrando-a para os vizinhos... Como se fosse uma flor que tinha descido do céu. Admirava-a e queria que todos a admirassem, um velho pai feliz, que morreu falando sobre a sua Maria, que era tão bonita e boa e que suas palavras eram cheias de sabedoria e graça... E ele fez muito bem em admirá-la, e ao dizer que não existe outra mulher mais bela! E a Sua mãe? Ela encheu a sua casa e a vizinhança com suas canções, como uma cotovia na primavera, enquanto a carregava, e quando a segurava em seus braços.
Fiz um berço para Si; um pequeno berço com rosas esculpidas, tudo isso porque a Sua mãe o pediu. Talvez ele ainda esteja na casa... "

"Eu sou velho, Maria... Eu já estava a começar a trabalhar... Já a trabalhar quando nasceste... Eu nunca pensei que a iria ter como esposa!... Talvez os Seus pais teriam morrido mais felizes se soubessem, porque eles eram meus amigos. Eu enterrei o Seu pai, lamentei a sua morte com um coração sincero, porque ele foi um bom professor para mim".

Á medida que José falava calmamente sobre Maria, Ela começa a alegrar-Se e, lentamente,

levanta a cabeça, e quando ele menciona o berço que ele fez para Ela com rosas esculpidas por toda parte, ela sorri suavemente, e quando ele menciona o Seu pai, Ela estende a mão e diz 'obrigado' timidamente.

José toma a Sua pequena e delicada mão nas suas mãos fortes de carpinteiro e acaricia-as cuidadosamente com um afeto que demonstra cada vez mais confiança. Mais uma vez, eles ficam em silêncio por algum tempo.

"Como sabe, a Sua casa ainda está intacta." Retoma José. "Á exceção de uma parte que foi demolida por ordem do cônsul para construir uma estrada para os vagões dos romanos. Mas os campos, o que resta deles, -sabe que grande parte da propriedade teve que ser descartada por causa da doença do Seu pai- estão um pouco abandonados; as árvores e as vinhas não são podadas há mais de três anos, a terra está seca e dura. Mas as árvores que viu quando era ainda uma menina ainda estão lá, e se concordar, eu vou cuidar delas imediatamente."

"Obrigado José, mas tem o seu trabalho…"

"Vou trabalhar no pomar de manhã e à noite. Os dias estão cada vez mais compridos. Eu quero que tudo esteja do Seu agrado antes da Primavera. Olhe: este é um ramo da árvore de amêndoa perto da casa… Eu queria pegá-lo –A

O Mérito

ponta está muito estragada, mas vou troná-la sólida e forte- Eu queria pegá-lo, porque eu pensei, que se eu fosse o escolhido, eu a faria feliz se trouxesse uma flor do seu jardim. Mas eu pensei que fosse ser escolhido, pois eu sou um Nizirite* mas dei ouvidos, porque é uma ordem do Sumo-Sacerdote, e não porque eu desejo casar. Aqui está o ramo, Maria. Com ele, eu Vos ofereço o meu coração, que, como ele, floresceu até agora apenas pelo Senhor e agora está florescendo por Si também, minha esposa."

Maria comove-se. Ela aceita o ramo e olha para José com uma cara de crescente confiança, que tem ficado mais brilhante desde que José disse que ele era um Nizirite.
* A Nizirite é um hebreu que fez um voto de abstinência.

"Além disso, eu pertenço ao Senhor, José. Eu não sei se o sumo-sacerdote lhe disse..."

"Só que é boa e pura e que pretendia informar-me de um voto, e que eu devo ser bom para Si. Diga, Maria. Eu quero que seja feliz, e que possa ter concretizados todos os Seus desejos. Eu não a amo com o corpo. Eu amo-a com a minha alma, santa menina que me foi dada por Deus! Por favor, veja em mim, além de um marido, um pai e um irmão... "

"Desde a minha infância, eu consagrei-me ao

Senhor. Eu sei que isso não é o costume em Israel. Mas eu ouvi uma voz pedir a minha virgindade como um sacrifício de amor para a vinda do Messias. Israel esperou por ele por um longo tempo!... Não é demais renunciar a alegria de ser mãe por tal causa!"

José observa Maria, talvez, para ler o Seu coração. Ele pega nas Suas mãos, que estão ainda a segurar o Seu ramo. "Eu irei juntar o meu sacrifício ao Seu", diz ele, "E vamos adorar o Pai Eterno, com a nossa castidade, de tal forma que ele enviará o Seu Salvador ao mundo mais cedo e nos permitirá ver a Sua Luz que brilha no mundo. Vem, Maria, vamos diante da Sua Casa e de Nazaré preparar tudo para Si, em sua casa, se quiser... Ou em outro lugar, se assim o desejar... "

'Em Minha casa... havia uma gruta, na parte inferior.... ainda lá está?'

'Sim, mas já não é mais Vossa.... Mas eu construirei outra, que será fresca e silenciosa durante as horas mais quentes do dia, e transformarei tudo o máximo possível, de forma a ficar idêntica à mais antiga. E diga: quem quer com Vós?'

'Ninguém. Eu não tenho medo. A mãe de Alfeu, que sempre veio ver-me, vai-Me fazer companhia durante o dia. À noite, prefiro ficar sozinha. Nenhum dano pode vir a mim. 'E agora eu estou aqui, também. Quando virei para si? '

'Sempre que quiser, José'.

'Então virei assim que a casa estiver pronta. Eu não vou tocar em nada. Eu quero que encontre tudo como a Sua mãe a deixou. Mas eu quero que esteja brilhante e limpa para recebê-la sem qualquer tristeza. Vem, Maria, vamos e dizer ao Altíssimo que o abençoe.'

# O Casamento de Maria

Como Maria é bonita, vestida de noiva, entre Seus amigos e professores e também da Sua prima Isabel.

O seu vestido de casamento, de roupa branca de neve tão suave e refinada que parece seda preciosa, cai em dobras de pé, formando um comboio. Um cinto de medalhões de ouro e de linha bordada em prata polida prende o vestido para a Sua cintura fina, deixando os últimos três medalhões a cair entre as dobras do vestido.

A cadeia de correspondência de pequenas rosas de ouro e bordados de prata detêm o vestido no pescoço através de encruzilhadas, reunindo o tecido solto em babados do qual Seu pescoço esguio surge com a graça do caule de um lírio, terminando, como ele, com uma novo e bonito rosto pálido de emoção mais puro do que nunca.

Em Seus pés estão sandálias brancas com fivelas de prata.

Seu cabelo trançado é organizado num nó charmoso mantido no lugar com grampos de cabelo prata polida cobertos com bordados de prata. Véu de sua mãe, muito preservado para esta ocasião, cai graciosamente da Sua testa, onde é apertada com uma placa fina preciosa, sobre as Suas tranças, até aos ombros e graciosamente até abaixo dos quadris.

Pulseiras pesadas da Sua mãe cobriam os seus pulsos delicados para a parte de trás das Suas mãos a balançar tentadoramente, ameaçando cair num lance de Suas mãos.

A bela noiva parece radiante, cercada pelos Seus amigos e professores encantados, que olham para cima dela, admirando e chilreando como pardais felizes.
"Eles são da sua mãe?"
'Eles são antigos, não são?"
'Como é belo, Sara, este cinto é!
'E esse véu, Susana, quanto refinado que é! Basta olhar para esses lírios tecidos nele! '
"Deixe-me ver suas pulseiras, Maria; eram da sua mãe?'

"Sim, ela usava-los, mas eles pertenciam à mãe do meu pai.'

'Oh, olhe! Eles têm o selo de Salomão entrelaçado com pequenos ramos finos de palma, oliveiras, lírios e rosas. Oh, quem fez esse tipo de trabalho delicado e fino!?'

'Eles pertencem à Casa de Davi', explica Maria,
'as mulheres da família têm usado por séculos,
quando eles se casam e passam para o herdeiro.'
'Certamente! Vós sois a herdeira...'
'Trouxeram-Vos tudo de Nazaré?'

'Não. O meu primo pegou no meu enxoval para
a sua casa quando a minha mãe morreu para se
manter seguro. Agora, ela trouxe de volta para
mim.'

'Onde está? Onde está? Mostre-o para nós,
Vossos amigos'

'Maria está em perda... Ela gostaria de ser gentil
e obedecer, mas as coisas foram cuidadosamente
dobradas em três troncos.'

Ela é salva pelos Seus professores, que anunciam
a chegada iminente do noivo; "Agora não é o
momento", dizem, "deixai Maria sozinha. Vá e
prepare-Se".

O grupo decepcionado vai embora, com um
pouco de mau humor, para ficar pronto e
uma medida de paz desce sobre o restante
grupo. Seus professores louvam e bendizem
Maria e Ana chama Maria de "filha" e a beija-a
carinhosamente, o que a faz chorar.

Isabel aproxima-se de Maria e acalma-A. 'Sua
mãe não pode estar aqui, mas Sua alma está se

regozijando com a Tua; essas coisas que está a vestir dão-lhe carícias; Você ainda pode encontrar nelas o sabor dos seus beijos. Um dia, há muito tempo, o dia em que você veio ao Templo, ela disse-me: "Eu preparei os seus vestidos e seu enxoval, porque quero ser aquele que tece os Seus lençóis e faz Seus vestidos de noiva pelo que eu devo não estar ausente no dia da Sua alegria e, ouça, quando eu estava a ajudá-La nos últimos dias, todas as noites, ela acaricia seus primeiros vestidinhos e os que está a vestir agora e ela dizia: 'Eu posso sentir o cheiro do perfume de jasmim da minha pequena e eu quero que ela perceba aqui o beijo da sua mãe". Quantos beijos neste véu agora protegendo a sua testa! Há mais do que beijos tópicos!... E quando usar o pano tecido por ela, só acho que ele foi tecido mais por amor maternal que pelos instrumentos. E essas jóias... Apesar das circunstâncias difíceis, elas foram salvas pelo Seu pai para que você possa ir bonita nessa altura, como convém a uma princesa da casa de Davi. Seja feliz e alegre Maria. Você não é uma órfã porque seus pais estão convosco e Seu marido é um pai e uma mãe para Vós... tal é a sua perfeição."

'Sim, isso é verdade! Eu certamente não posso reclamar. Em dois meses, ele esteve aqui duas vezes e hoje ele veio para o terceiro dia, com chuva, enfrentando o tempo ventoso, para receber ordens minhas... fantasie: ordens de Mim, que sou uma mulher pobre e muito mais

O Cheio de Graça

jovem do que ele é! Ele não Me nega nada. Ele nem espera por mim para pedir. Eu acho que um anjo deve dizer a ele o que eu quero, porque ele me responde antes que eu possa falar. Da última vez, ele disse: "Maria, eu acho que você prefere ficar na casa de seu pai. Já que você é uma filha herdeira, você pode fazer isso, se você quiser, eu irei a sua casa. Então, para realizar o ritual, você vai uma semana para a casa do meu irmão Alfeu. Maria já te ama tanto. E a partir daí, a procissão do casamento vai começar, que irá levá-la para a sua casa na noite do dia do casamento" não foi isto tão gentil da parte dele? Não importava para ele o que as pessoas poderiam dizer sobre ele não ter a casa que eu gostaria... eu teria gostado, porque ele está lá e ele é tão bom. Verdade!... Eu prefiro a minha própria casa... por causa das lembranças... oh, José, é tão bom!'

'O que é que ele disse sobre o seu véu? Já lhe disse?'

'Ele não disse nada contra. Pelo contrário. Quando eu lhe disse, ele disse, 'Eu juntarei o meu sacrifício ao vosso'"

'Ele é um homem santo', diz Ana.

José vem acompanhado de Zacarias.

Magnificamente vestido de amarelo dourado, José parece um monarca oriental, com um cinto esplêndido de bordado marroquino de ouro para

O Mérito

a sua bolsa e uma bainha marroquina combinada decorada em ouro para a sua adaga. Na sua cabeça leva um turbante, usado no estilo dos beduínos, como um capuz, seguro com um fino anel - um fio de ouro, ao qual está ligado um pequeno feixe de murtas. Seu novo manto tem franjas e ele usa-o com grande dignidade. Ele está radiante de alegria e na mão carrega um pequeno grupo de murtas em flor.

'A paz esteja convosco, minha esposa!' cumprimenta ele. 'Paz para todos'

E depois de ele receber a resposta para os seus cumprimentos, ele diz para Maria:
'Eu vi o quão feliz estava com o outro ramo que lhe dei do Seu jardim, por isso trouxe uma Murta. Apanhei-a perto da gruta que ama tanto.' diz José, oferecendo a Maria o ramo de Murtas. 'Eu queria trazer-lhe algumas das rosas que já estão a começar a florescer perto de Sua casa. Mas as rosas não duram muito tempo. Depois de uma viagem de vários dias, eu teria chegado aqui apenas com os espinhos. E eu quero oferecer, minha querida, apenas rosas e espalhar o seu caminho com perfumadas flores, de modo a que seus pés possam descansar sobre elas sem tocar em nada sujo ou áspero.

'Oh, obrigado! Vós sois tão bom! Mas como é que manteve tudo tão fresco?'

'Eu amarrei um vaso á sela e coloquei nele os ramos de uma flor em bruto. Ela brotou em flor durante a viagem. Aqui estão elas Maria. Que a Sua testa seja enfeitada com pureza, o símbolo de uma noiva, que é ainda inferior à pureza do Seu coração.'

Elizabete e os professores tiram as flores da murta e algumas pequenas rosas brancas a de um vaso numa arca e prendeu-os ao arame do véu de modo a formar uma coroa.

Maria está prestes a levantar o Seu grande manto branco para o vestir, mas José antecipa-se, ajudando-A a o colocar nos Seus ombros com duas fivelas de prata. Os professores, em seguida, fazem as dobras com carinho.

Agora está tudo pronto.

José isola-se para o lado com Maria: "Eu tenho pensado muito sobre o Seu voto nos últimos dias. Eu disse-Lhe que iria partilhar consigo. Mas quanto mais eu penso sobre isso, mais eu percebo que um temporário não é suficiente, mesmo se renovado vez após vez. Eu A entendi, Maria. Eu ainda não mereço a palavra de luz, mas um murmúrio dela vem até mim e isso me ajuda a discernir os contornos do Seu segredo. Eu sou um trabalhador ignorante e pobre que não conhece as letras e não tem tesouros, mas eu coloco a Seus pés o meu tesouro: a minha

castidade absoluta para sempre, para ser digno
de estar ao Seu lado, virgem de Deus, "minha
esposa irmã, jardim fechado, fonte selada",
como os nossos antepassados dizem, que, talvez,
escreveram o Cântico dos Cânticos vendo-A.... Eu
serei o guardião deste jardim de especiarias em
que estão os frutos mais preciosos e onde uma
fonte de água jorra em uma onda suave: A Sua
bondade, o cônjuge, conquistou a minha alma
com a Sua inocência, A mais bela.
É mais bela do que amanhecer, é um sol que
brilha, porque o Seu coração brilha, Está cheia
de amor para com o seu Deus e para com o
mundo, para o qual deseja dar um Salvador com
o Seu sacrifício de uma mulher. Venha, minha
amada esposa". E ele leva-a pela mão e até à
porta. Todos os outros os seguem para fora, onde
eles se juntam aos companheiros alegres todos
vestidos com véus brancos.

Eles passam por entre quintais e varandas vendo
as multidões, para o salão de cerimônias onde há
luzes e pergaminhos. O jovem casal aproxima-se
de uma estante alta e para perto de uma mesa,
e o restante dos intervenientes do casamento
fica atrás, seguido por sacerdotes e espectadores
curiosos.

O Sumo-sacerdote entra solenemente.

Ouve-se sussurros entre os espectadores
curiosos; "Será que ele vai casá-los?"

'Sim. Porque ela é de sangue real. E também descendente de uma linhagem de sacerdotes. "

O sumo-sacerdote junta a mão direita da noiva com a mão direita do noivo e abençoa-os dizendo: "Que o Deus de Abraão, de Isaque e de Jacob esteja convosco. Que Ele possa juntar-se a vós e cumprir a Sua bênção, que possa dar-vos paz e numerosos descendentes com uma vida longa e uma morte feliz no seio de Abraão."

A cerimónia de casamento termina, o sumo-sacerdote retira-se tão solenemente como quando entrou. José e Maria estão agora a metade do caminho para se casarem, pois a tradição requer dois casamentos para que o casamento seja completo.*

A festa do casamento vai, de forma ordenada, para outra sala onde eles assinam o contrato de casamento que afirma que Maria, a filha herdeira de Joaquim de David e Anne de Aaron dá José, como dote, A Sua casa e a propriedade ligada a Ela, a Sua propriedade pessoal e o que herdou do seu pai.
*O contrato legal faz parte da primeira metade do casamento, mas durante esta primeira fase, o casal não vive junto.

Os recém-meios-casados saem para o quintal para as casas das mulheres responsáveis pelo

Templo, onde um vagão aguarda com troncos pesados de Maria, com uma tenda colocada sobre ele para abrigar Maria.

Há despedidas, lágrimas, beijos, bênçãos e conselhos. Eles trocam os seus melhores mantos pelos de cor negra.

Finalmente, Maria sobe para o vagão com Isabel. José e Zacarias sentam-se na frente.

O vagão parte no trote pesado de um grande cavalo negro. As paredes do templo e os muros da cidade todos passam para segundo plano á medida que se aproximam do campo, cheio de milho novo mas já com alguns centímetros de altura, fresco e florescendo sob o sol da primavera com suas folhas, como esmeraldas acenando á brisa suave infundida com o aroma de pêssego, flores de macieira, trevos e hortelã selvagem.

Maria chora silenciosamente sob seu véu e ocasionalmente, remove a barraca para olhar para trás, o Templo que foi Sua casa por 12 anos.

## O Retorno a Nazaré


Tem sido um dia ameno de fevereiro e acima das colinas da Galiléia vê-se o céu azul por trás das nuvens pintadas de cor-de-rosa, lilás, violeta, opala e laranja pelo sol, e a luz do por do sol dá o céu um profundo benigna azul e faz a neve no Monte Hermon e outras montanhas ao longe brilhar.

Um grande cavalo negro que puxa um vagão vem a trote pela superfície escura e dura de uma estrada rural, limpa pela chuva da noite passada. Em ambos os lados da estrada vê-se altos espinheiros brancos em flor, como bancos de neve, ocasionalmente interrompidos por monstruosos catos, com suas folhas grossas, espinhos e frutas peculiares.

No vagão, agora livre da sua tenda, estão os recém-meis-casados, José e Maria e os seus primos Zacarias e Isabel.

Maria olha todo o país, que se estende para a direita e para a esquerda deles, cruzado em padrões geométricos que formam curvas, ângulos, losangos, quadrados, semicírculos e ângulos agudos e obtusos, todos coberto por flores, brancas como neve, dos espinheiros quebrados por catos.

Centenas de pássaros voam pelo céu, chilreiam e cantam, ocupados com a construção dos seus ninhos.

O milho nos campos aqui é mais alto do que o da Judeia. Os campos estão cheios de flores e há centenas de árvores de fruto, em plena floração, cobertos com nuvens de vegetais coloridos; brancos, vermelhos, rosas e todas as tonalidades intermediárias, combinando com as cores no céu. A brisa suave da noite sacode algumas pétalas que caem das árvores como um enxame de borboletas à procura de pólen nas flores silvestres. E de árvore em árvore, há festões de trepadeiras ainda estéreis, exceto no topo dos festões onde há mais sol e onde as primeiras pequenas e inocentes, surpresa, e trêmulas folhas estão a começar a abrir.

Maria olha para os campos com a ânsia de quem quer relembrar o que já viu no passado mas já não se recorda, e sorri quando sente uma pequena recordação e descansa como uma luz sobre isto ou aquilo, por este ou aquele ponto. Os

O Mérito

Seus primos e José, para A ajudar, apontam para vários lugares e casas que surgem ao longo do caminho, espalhadas sobre as ondulações das colinas de Nazaré:

Casas baixas e largas com muros rosa e terraços, iluminadas da esquerda pelo por do sol; Algumas apenas em parte, outras sobre o brilho total do da luz solar, como se estivessem perto de um incêndio.

A luz multicolorida espalha-se também pela água nas lagoas e nos poços rasos sem tampas, dos quais baldes e sacos de água trazem a água para as casas pomares.

À medida que se aproximam da cidade, crianças e mulheres aproximam-se da estrada para saudar José, a quem eles conhecem bem, contudo estão tímidos e envergonhados para com os companheiros de José.

Muitas pessoas se reúnem-se na entrada da pequena cidade, debaixo de um arco rústico de flores e ramos, e quando o vagão aparece atrás da esquina da última casa, há uma explosão de vozes estridentes; mulheres, meninas e crianças de Nazaré acolhendo a noiva, lançando ramos e flores. Os homens, mais graves, ficam atrás e saudar-nos solenemente.

Maria, ainda no vestido de noiva, linda como uma

flor, branca e loira como um anjo, sorri
carinhosamente para as crianças que Lhe
oferecem flores e beijos, às meninas de Sua idade
que A chamam pelo nome, às mulheres idosas
que A abençoam alegremente. Ela curva-se aos
homens e ao rabino que, talvez, é também o mais
velho da cidade.

O vagão prossegue lentamente ao longo da
estrada principal, seguido pela multidão, para
quem a chegada é um grande acontecimento.

"Aí está a Sua casa, Maria', diz José, apontando
com o chicote para uma pequena casa escondida
no fundo de uma colina. A horta atrás da casa
está em plena floração e há um olival atrás dele
coberto com os habituais espinheiros e catos.

"Como pode ver, muito pouco resta para Si",
explica Zacarias " A doença do Seu pai foi cara e
longa. Além disso, as despesas para reparar os
danos causados pelos romanos foram altos. Vê?
A estrada substituiu as principais salas e a casa
foi cortada para metade. Para ampliar a casa sem
custos excessivos, aproveitou-se parte da
montanha, onde está a gruta. Joachim manteve
os Seus suprimentos lá e Ana os seus quartos.
Vós fazeis o que achares melhor"

'Oh! Não importa se resta apenas um pouco", diz
Maria 'será suficiente para mim. Eu irei
trabalhar...'

"Não, Maria... 'Interrompe José'... Eu irei trabalhar. Tu irás tecer e costurar as coisas para a casa. Eu sou jovem e forte e Eu Sou o Seu marido. Por favor, não me humilhes com o Teu trabalho."
"Vou fazer como quiseres", diz Maria.
'Sim, neste caso, é isso que quero. Em tudo o resto, os Teus desejo serão ordens."

O vagão pára.

Duas mulheres de pelo menos quarenta anos de idade e dois homens na casa dos cinquenta, estão esperando na entrada com algumas crianças.
'Que a paz de Deus esteja convosco, Maria", diz o homem mais velho, enquanto uma das mulheres aproxima-se para abraçar e beijar Maria.

'Este é o meu irmão Alfeu, A sua esposa Maria e os seus filhos'. Introduz José. "Eles vieram para cumprimentá-La e Lhe dizer a sua casa é Sua, se assim o desejar."

"Sim", diz Maria de Alfeu. "Vem Maria, sempre que se sentir só. O país é lindo nesta época do ano e a nossa casa está no meio de campos cheios de flores, mas serás a mais linda de todas."

"Obrigado, Maria. Eu irei de bom grado. Mas estou tão ansiosa para me readaptar com a minha própria casa. Deixei-a como uma menina e esqueci-Me de como era... Agora Eu encontrei-a de novo... E Eu sinto que eu com a casa Eu encontrei a Minha falecida mãe, Meu amado pai, e posso até ouvir o eco de suas vozes... E o cheiro do seu perfume no ar. Eu já não me sinto órfã, pois tenho mais uma vez em torno de mim o abraço destas paredes... Por favor, perdoe-me, Maria...' Diz Maria com a voz tremida e olhos em lágrimas.

"Como quiser, minha querida", responde Maria de Alfeu. "Por favor, considere-me uma irmã, uma amiga e também uma mãe, pois eu sou muito mais velha".

"Olá Maria! Diz uma segunda mulher á medida que de aproxima". Eu sou Sara, uma amiga da Sua mãe. Eu testemunhei o seu nascimento. Este é o meu marido Alfeu, sobrinho de Alfeu e um grande amigo da Sua mãe. Estou disposta a fazer por Si o que eu fiz pela Sua mãe, se assim o desejar. Vê? A nossa casa é mais a próxima á Sua os Seus campos são agora o nossos, mas vamos abrir uma passagem no muro. Por favor, venha sempre que quiser, a nossa casa é Sua."

"Obrigado a todos por tudo. Obrigado por cuidarem dos meus pais e por sua bondade para comigo. Que o Deus Todo-Poderoso vos abençoe por isso.'

Os troncos são descarregados e levados para

dentro da casa. Então José coloca a mão de Maria na sua e em seu caminho, ele pára diz: 'E agora, neste limiar, eu quero que me prometas que aconteça o que acontecer, tudo o que precisares, não há outro amigo a quem a recorrer, mas José e que, por qualquer razão, nunca carregarás tudo sozinha. Lembra-te que eu sou tudo para Ti e vai ser uma alegria para mim fazer a tua vida mais feliz e, uma vez que a felicidade nem sempre está em nosso poder, eu, pelo menos, a tornarei pacífica e segura."
"Eu prometo, José".
Eles abrem as janelas para deixar entrar os últimos raios de sol. Maria tira Seu manto e véu. De mãos dadas, os meios-noivos entram e caminham ao redor da horta. Maria sorri e olha em volta, como se estivesse tomando posse de um lugar perdido e José mostra-lhe o seu trabalho:

"Vê? Cavei um buraco aqui para coletar a água da chuva, porque as vinhas estão sempre com sede. Eu podei os ramos mais antigos desta oliveira para a fortalecer e transplantei estas macieiras porque duas delas estavam murchas. Ali, plantei algumas figueiras. Quando elas crescerem, irão abrigar a casa do calor excessivo do sol e dos curiosos. A pérgula é a mesma de sempre. Eu apenas mudei os pólos e fiz alguns cortes. Ela irá dar muitas uvas, eu espero. E aqui, olha... ", E ele leva-a com orgulho para o lado norte do jardim, perto da colina'...

'... Aqui, eu cavei uma gruta e reforcei-a, e quando estas pequenas plantas crescerem, ela vai ser como a antiga. Não é primavera ainda, mas vou redirecionar um pequeno riacho para lá. Vou trabalhar durante as longas noites de verão quando eu vier para Te ver..."

'O que quer dizer?' pergunta Alfeu 'Não se casarão neste verão?"

'Não, Maria quer tecer a Suas roupas de lã, as únicas coisas que estão em falta no enxoval. E eu concordo. Maria é muito jovem, não importa se se esperar um ano ou mais. Nesse meio tempo, ela vai familiarizar-se com a casa..."

"Bem! Sempre foste diferente das outras pessoas e ainda estás. Eu não conheço ninguém que não tenha pressa para se casar com uma bela flor como Maria, e tu estás a atrasar tudo para daqui a meses!... '

"Uma alegria muito aguardada é uma alegria muito melhor...", diz José sorrindo gentilmente.

"Bem, então", diz Alfeu com um encolher de ombros "quando pensas em terminar o casamento?"

'Depois da Festa dos Tabernáculos, quando Maria fizer anos. As noites de inverno são doces para os

recém-casados! E ele sorri novamente procurando
Maria. Um sorriso gentil, de entendimento
secreto, de castidade fraternal, dando conforto.
Eles retomar ao passeio pelo jardim.

"Esta é a grande sala sob a montanha. Se
concordares, vou usá-la como uma oficina
quando vier em visita. A sala é ligada á casa, mas
não fica dentro dela, por isso não vou perturbá-lo
com ruídos e desordem. No entanto, se desejares
o contrário... "

'Não, José. Está perfeito'

Eles voltam para a casa e acender as luzes.

"Maria está cansada", diz José "vamos deixá-la
em paz com os Seus primos".

Eles despedem-se e saem.
José abaixa a voz e fala com Zacarias para uns
momentos. "O seu primo vai deixar Isabel consigo
por um tempo. Está feliz? Eu estou. Porque ela
vai ajudá-lo... Para se tornar uma dona de casa
perfeita. Com ela, irá ser capaz de organizar as
suas coisas e o seu mobiliário e eu virei todas as
noites para ajudá-lo. Com Isabel, poderá comprar
a lã e tudo o que precisar. E eu irei ajudar com as
despesas. Lembre-se, prometeste vir até mim
para tudo. Adeus Maria. Durma sua primeira
noite como a dona de casa, e que o anjo do
Senhor faça seu sono tranquilo. Que o Senhor

esteja sempre convosco".

'Adeus José. Que possas também estar sob as asas do anjo de Deus. Obrigado, José. Por tudo... Tanto quanto puder, eu irei retribuir o seu amor com o Meu".
José diz adeus aos primos de Maria e parte.

# A Anunciação

Estamos a 25 de março e o anúncio acaba de ser feito a partir do trono da Santíssima Trindade que a hora da redenção chegou. Um esquadrão de milhares de anjos liderados pelo príncipe Gabriel é enviado para trazer a mensagem para Nazaré sem demora.

Hoje Maria tem 14 anos, seis meses e 17 dias de idade. Vestindo um vestido branco liso, Ela está sentada em um banquinho perto de uma estante de livros em uma pequena sala retangular, que se abre através de uma porta com cortinas, para a sua horta. O quarto é modestamente mobiliado como uma sela, mas está meticulosamente arrumado. Na parede oposta, estão algumas roupas sobradas sobre a cama. A cama está coberta de esteiras colocadas sobre tecidos, treliça de cana dura, mas sem um leito.

Na estante está uma lâmpada a óleo, alguns pergaminhos e um pouco de bordado cuidadosamente dobrado. Ao lado da lâmpada está um jarro de cobre com um ramo de pereira com flores brancas rosadas.

Maria, bela e branca como neve, com roupa macia e sedosa, com Seu belo rosto inclinado ligeiramente para a frente, em paz, sorrindo gentilmente para um pensamento doce.

São seis horas em uma quinta-feira, e já se sente o aproximar da noite. Em todos os lugares, na pequena casa, na horta e arredores, o silêncio reina.

Maria começa a cantar uma canção de louvor em hebraico. A Sua voz é a princípio um mero sussurro mas depois sobe lentamente. Com a canção, vem uma lembrança feliz e ela coloca a mão no Seu colo, ainda segurando o fio e fuso, e inclina-se para trás contra a parede. Os Seus olhos estão distantes, mas sorrindo e brilhando com lágrimas que brotam e ameaçam transbordar. O Seu cabelo em tranças enroladas em volta da cabeça como uma coroa, enquadra o Seu belo rosto limpo que emerge do Seu vestido branco como uma flor.

'Deus Altíssimo' Ela reza 'não demore mais tempo no envio do Seu servo para trazer a paz ao mundo. Concedei-nos o tempo favorável e a virgem pura e prolífica para a vinda do Seu Cristo. Pai, Pai Santo, concedei-me, o Seu servo, para oferecer a minha vida para essa finalidade.

O Cheio de Graça

Conceda-me a morte apenas depois de ver sua luz e sua justiça na terra e depois de saber que nossa redenção foi cumprida. Oh Santo Pai, envie a promessa dos profetas para a terra. Envie o Redentor para a Sua serva, para que na hora da minha morte, a sua casa possa ser aberta a Mim, assim como as suas portas já foram abertas pelo seu Cristo para todos os que esperavam por Vós. Venha, venha, O Espírito do Senhor. Venha para os fiéis que estão esperando. Vem, Príncipe da Paz! ..." E Maria permanece absorvida...

Os tremores da cortina e uma pérola luz prateada e branca iluminam a sala fazendo as paredes ligeiramente amareladas e as roupas brilhantes. Ele pousa no rosto erguido de Maria dando-lhe um brilho espiritual. E em tal luz, o Arcanjo se prostra. Então a cortina torna-se imóvel e dura contra os umbrais da porta, como uma parede que separa o quarto do exterior.

O Arcanjo aparece em forma humana, mas é trans-humanizado. Um jovem, um jovem de rara beleza, cujo rosto emite luz. Ele tem olhos, boca, lábios que falam e sorriem, um corpo e cabelos e mãos como um homem, mas a sua pele não é maçante como um; A Sua pele brilha como a luz que assumiu a cor da carne, dos olhos, cabelos, lábios, uma luz que se move e sorri, olha e fala. Ele usa uma coroa de joias requintadas em Sua cabeça e sua veste brilha e irradia uma bela luz multi-colorida. E tecidas no seio da sua roupa está uma bonita cruz, um símbolo do mistério que ele anuncia. Ele anda com grande compostura e gravidade majestosa e avança prostrando-se diante de Maria.

"Avé Maria, cheia de graça, Salve!' Diz o arcanjo em uma música clara como o som de pérolas em metal precioso.

Assustada, Maria abaixa a cabeça e está ainda mais surpreso ao ver a criatura brilhando ajoelhada quase um metro de distância dela, com as mãos cruzadas sobre o peito. Ela salta para trás contra a parede, o Seu rosto mostra surpresa e medo, empalidecendo, depois cora. Involuntariamente, ela pressiona as mãos contra o peito, escondendo-os debaixo das suas grandes luvas inclinando-se para esconder seu corpo em uma atitude de modéstia suave.

"... Não temais. O Senhor está consigo! Serás bendita entre todas as mulheres!

Maria, porém, ainda está com medo.

"Não tenha medo Maria!" Diz o anjo novamente: "Eu sou Gabriel, o Anjo de Deus. Meu senhor me enviou. Não tenha medo, porque encontraste graça aos olhos de Deus. E irás conceber e criar um filho e ele vai se chamar "Jesus": Ele será grande e será chamado Filho do Altíssimo (e realmente vai ser). E o Senhor lhe dará o trono de

seu pai David, e Ele reinará sobre a casa de Jacó para sempre e seu reino não terá fim. Entenda, Santa Virgem amada por Deus, Filha abençoada por Ele, chamada para ser a mãe de Seu filho, o Filho que iras gerar!

"Como isso pode acontecer", pergunta Maria. "Se Eu não conheço nenhum homem? Talvez o Senhor Deus não aceitará a oferta de Sua serva e não quer uma Virgem para o seu amor? "

Não Se vai tornar mãe por ação do homem, Maria. Serás a Virgem Eterna, a Virgem Santa de Deus. O Espírito Santo virá sobre ti e a força do Altíssimo te cobrirá com a sua sombra. Assim, a criança nascida de Si será chamada de Santo e Filho de Deus. Nosso Senhor Deus pode fazer tudo. Isabel, uma estéril em sua velhice, concebeu um filho, que será o profeta do Seu Filho, e irá preparar o Seu caminho. O Senhor tirou-a da desgraça e a sua memória permanecerá entre os povos, juntamente com o seu nome, assim como o nome da sua criatura estará ao lado do nome do Seu Santo Filho. E até o fim dos séculos, Irás ser abençoada pela graça do Senhor, que veio a ambos e, particularmente a Ti, por meio de quem a graça veio para todos os povos. Isabel está em seu sexto mês e repleta de alegria, e ficará ainda mais quando ouvir da Sua alegria. Nada é impossível para o Senhor, Maria, cheia de graça... "

O Cheio de Graça

'...O que devo dizer ao meu Senhor...? Pergunta o anjo. "Que nenhum pensamento o perturbe. Ele irá proteger os Seus interesses se confiares nEle. O mundo, o céu, o Pai Eterno aguardam a Tua palavra! "
Maria reflete, que da Sua resposta depende o cumprimento das promessas e profecias da Santíssima Trindade para a Redenção dos humanos, a abertura dos portões do paraíso, a aurora da Graça....

"Maria curva-se profundamente, com as mãos cruzadas sobre o peito" Eu Sou a serva do Senhor. Que o que disse seja feito em mim."

O anjo brilha mais brilhante de alegria. Em seguida, ajoelha-se em adoração, á medida que o Espírito de Deus desce sobre a Virgem em assentimento.

E em um momento de intenso amor por Deus, ela experimenta uma batida de coração feroz que destila três gotas de seu sangue virginal casto que encontrar o seu caminho para o Seu ventre. O anjo desaparece, sem mover a cortina.
Após este momento, quatro coisas aconteceram; as três gotas de sangue de Maria são formadas pelo poder do Espírito Santo para o corpo e a alma de Cristo, que se combinam para formar sua humanidade perfeita. E, por fim, a Santíssima Trindade, unidos pela Palavra, une-se com a humanidade de Cristo para formar a natureza essencial de Jesus, ao mesmo tempo

O Mérito

Deus e homem.

# José sabe da gravidez de Isabel

É a noite da Anunciação e Maria, ainda em seu vestido branco liso, está ajoelhada ao lado da cama rezando com os braços cruzados sobre o peito e Sua cabeça baixa. O quartinho arrumado em que o Arcanjo acenou suavemente as suas asas é perfumado com perfume divino, que emana de Maria.

As sombras da noite começam a rastejar para dentro da sala. As ferramentas de costura estão inclinadas contra a parede.

Ela levanta-se da oração, com o rosto corado, como se estivesse iluminado por uma chama, os lábios sorridentes, mas com os olhos brilhantes de lágrimas.

Ela pega na lâmpada de óleo da estante e acende-a com uma pedra, olha em volta para ver se tudo está em ordem, ajeita o cobertor sobre a cama, acrescenta um pouco de água ao vaso com

O Mérito

o ramo de pereira e leva o vaso para o exterior, para o frio da noite.

Ela volta para pegar o bordado dobrado da estante e leva a lâmpada com para a sala, fechando a porta.

Silenciosamente, Maria vai para fora da casa, pela horta para buscar gravetos para acender o fogão na cozinha. Em seguida, ela vai para o jardim de novo para apanhar algumas maçãs e legumes para o Seu jantar que ela serve em uma pequena bandeja de cobre. Finalmente, sobre o fogo crepitante que lança sombras dançando na parede, ela aquece um pouco de leite e leva-o com um pequeno pão castanho até a sala da frente.

Ela instala-se à mesa e come, primeiro mergulhando pequenas fatias de pão no leite comendo-as lentamente. Em seguida, Ela volta para a cozinha para buscar alguns legumes, derrama um pouco de óleo sobre eles e come-os com pão. Em seguida, Ela bebe leite e, finalmente, come uma maçã.

Á medida que come, Seu rosto está pensativo, e por vezes sorri, olhando para as paredes ao seu redor. De vez em quando, Ela fica quieta e uma sombra de tristeza atravessa o Seu rosto, mas logo o Seu sorriso volta.
Alguém bate á porta. Maria atende e saúda José.

No interior, José tira o manto, que é feito de lã castanha clara impermeável, e corta como um círculo completo com um gancho no pescoço e um capuz.

Ele não é muito alto, mas é forte e bem constituído, no auge de sua vida, e está muito bonito esta noite, com as bochechas rosadas e sorrindo, com os seus olhos escuros doces. O seu rosto é emoldurado por seus cabelos castanho escuros e barba da mesma cor, a testa liso, nariz fino e ligeiramente inclinado.

Ele dá dois ovos e um cacho de uvas a Maria, um pouco murchas, mas bem conservadas. "As uvas vieram de Cana", diz ele e '...E um centurião deu-me os ovos em compensação por alguns trabalhos de reparação que fiz no meu carrinho. Uma roda partiu e o carpinteiro estava doente. Os ovos são frescos, ele trouxe do galinheiro. Beba-os, eles vão te fazer bem."
"Amanhã, José. Acabei de terminar a minha refeição."

Ele senta-se à mesa com Maria.

"Mas podes comer as uvas" sugere José. "Elas são boas. Doces como o mel. Eu carreguei-as com muito cuidado para que não se estragassem. Come-as. Ainda tenho muitas de sobra. Vou trazê-las amanhã em uma cesta. Hoje não podia, porque vim direto da casa do centurião.

'Bem, então ainda não jantaste.'

"Não, ainda não, mas não importa."

Maria levanta-se e vai buscar um pouco de comida da cozinha.

'Eu não tenho nada." Diz ela enquanto agarra algum leite, azeitonas e queijo para José. "Tome um ovo."

Mas José quer deixar os ovos para Maria. Ele come o pão e queijo com gosto e bebe o leite morno. Em seguida, ele aceita uma maçã.

Depois, Maria limpa a mesa e José ajuda a colocar as coisas na cozinha. Então ele senta-se perto do fogo.

De volta à sala da frente, Maria pega no Seu bordado que estava no canto da mesa, onde ela tinha colocado mais cedo, e José volta para o Seu lado, enquanto ela começa a trabalhar.

Eles falam um com o outro. José diz-Lhe como foi o seu dia. Ele fala sobre os seus sobrinhos e mostra interesse nos bordados de Maria e nas suas flores. Ele promete trazer-lhe algumas flores raras prometidas pelo centurião; "São flores que não temos aqui. Foram trazidas de Roma e ele prometeu-me algumas," Diz ele a

Maria. "Agora, enquanto a lua está no quarto crescente, vou plantá-las. Elas têm cores bonitas e têm um perfume muito bom. Vi-as em flor no ano passado, porque florescem no verão. Eles vão perfumar a casa toda. Então eu vou podar as árvores quando a lua estiver correta. Está na hora."

Maria sorri e agradece.

Há um silêncio e José olha amorosamente, enquanto a cabeça de Maria se inclina sobre Seu trabalho com um olhar de amor angelical puro.

"Eu também tenho algo a dizer", diz Maria, arrumando o seu trabalho como se estivesse a tomar uma decisão importante. "Eu nunca tenho nada a dizer, porque vivo em retiro. Mas hoje, eu tenho uma notícia. Ouvi dizer que a nossa Isabel, esposa de Zacarias, está prestes a ter um filho..."

"Na idade dela? Exclama José, com os olhos arregalados.

"Na idade dela", responde Maria sorrindo. "O Senhor pode fazer tudo e agora Ele está a dar essa alegria à amiga".

'Como sabes? A notícia é verdadeira?

'Um mensageiro veio. Um que não contaria mentiras. Eu gostaria de ir até Isabel para ajudá-

O Mérito

la e dizer-lhe que estou muito feliz por ela. Se você me permitir...'

"Maria, És a minha mulher e eu o Teu servo. O que desejares será cumprido. Quando gostarias de ir?"

"Assim que possível, mas estarei ausente por alguns meses."

"E eu vou contar os dias até que voltes. Vai e não te preocupes. Eu vou cuidar da casa e do jardim. Vais encontrar as flores tão belas como se fosses Tu mesma a tomar conta delas... Apenas espera. Antes da Páscoa, tenho de ir a Jerusalém para comprar algumas coisas para o meu trabalho. Se puderes esperar alguns dias, eu irei contigo até Jerusalém. Eu não posso ir mais longe, porque eu tenho que voltar rápido, mas podemos ir lá juntos. Eu ficarei feliz se souber que não estás na estrada sozinha. Quando quiseres voltar, avisa-me que irei ao Teu encontro'.

"És tão bom José. Que o Senhor te recompense com suas bênçãos e mantenha a tristeza longe de ti. Rezo sempre por isso.'

Eles sorriem um para o outro e ficam novamente em silêncio por um tempo.
Então, José levanta-se, coloca o seu manto e seu capuz e despede-se de Maria, que também se levanta.

Maria vê José enquanto ele se afasta, e suspira
tristemente levantando os olhos para o céu
em oração. Em seguida, ela fecha a porta com
cuidado, guarda o Seu trabalho, apaga o fogo na
cozinha e leva a lâmpada de óleo para o quarto
dela, protegendo a chama bruxuleante com a mão
da brisa fresca da noite. Já no seu quarto, ela
reza novamente.

## José vê Maria partir para visitar Isabel

Na manhã da sua partida para Jerusalém, José traz dois pequenos burros selados bem cedo no início da manhã, enquanto o resto de Nazaré ainda dorme.

Maria pega nas suas coisas que havia colocado em um tronco ligado a uma armação de madeira e coloca-as no burro de José. Ela agradece-lhe de todo o coração.

Eles fecham a porta e partem com a aurora; José, no seu manto castanho claro de lã impermeável, e Maria com um xale listrado.

As estradas estão quase desertas, exceto por um pastor e as suas ovelhas. Os cordeiros balem em vozes estridentes pelo leite das suas progenitoras e as ovelhas balem ainda mais alto para apressar os cordeiros para a frente, de modo a que o ar esteja preenchido com as suas vozes roucas do balido.

O Mérito

Maria parou para deixar passar as ovelhas e inclina-se para a frente na sela para acariciá-los. O pastor pára para falar com ela e ela sorri e acaricia o rostinho rosado de um cordeiro recém-nascido que está balindo desesperadamente nos braços do pastor 'ele está a olhar para a sua mãe, ela exclama" a tua mãe está aqui, Ela não te vai deixar, é claro que ela não vai cordeirinho.' Diz Ela, á medida que ovelha se esfrega contra o pastor, levanta-se sobre as patas traseiras e lambe o rosto do seu pequeno.

O rebanho passa, deixando uma nuvem de poeira para trás e pegadas na estrada poeirenta. Uma vez mais, os viajantes continuam no seu caminho, para o campo, andando lado a lado em seus burros a trote, falando ocasionalmente; cada um absorto em seus próprios pensamentos no meio dos barulhos do sino de arreio. Ocasionalmente, Mary olha em volta dela e sorri, talvez com a beleza da paisagem. Às vezes, ela olha para José e uma expressão fugaz de gravidade triste escurece o Seu rosto, até que sorri novamente para o Seu cônjuge providente, pouco falador, mas que se certifica de que ela estava bem.

As estradas começam a ficar agitadas á medida que as pessoas nas cidades e aldeias abrem os seus negócios diários, mas José e Maria dão pouca atenção às pessoas ao seu redor.

Eles param à sombra de uma moita para comer um pouco de pão e azeitonas e bebem de uma corrente que desce até uma gruta.

Mais tarde, eles param para se abrigar de uma chuva repentina de uma nuvem escura muito grossa, escondidos debaixo da montanha, contra uma pedra saliente. Por insistência de José, Maria usa a sua capa à prova d'água que emoldura o Seu rosto e chega a até os Seus pés fazendo-a parecer um pequeno monge. José cobre a cabeça e os ombros com um pequeno cobertor cinza que ele tirou da sela.

Eles partem de novo, quando a chuva abranda. Ao início, é difícil de andar para o burro devido ao estado enlameado da estrada, mas o sol da primavera logo seca a lama e os burros andam mais facilmente.

Em Jerusalém, José alimenta e deixa os burros em um estábulo público e depois vai com Maria ao templo para adoração.

Depois, eles vão tomar algumas bebidas na casa de uns amigos. Maria espera lá, enquanto José sai e volta com um velhinho. "Este homem vai pelo teu caminho", diz ele a Maria. "Ele vai acompanhar-te por parte do caminho. Assim não terás de fazer grande parte do caminho sozinha até os teus familiares. Eu conheço-o, podes confiar nele."

Eles sobem para os seus burros e José
acompanha Maria até o portão de saída onde se
separaram.
Ela parece muito bonita em um vestido azul-
escuro e um véu branco que a protege do sol.
O Seu tronco está agora na frente da sua sela,
com o xale cuidadosamente dobrado em cima no
tronco.

O velhinho é tão falador como José é silencioso, e
Maria, em seu tom calmo habitual, responde com
paciência, mas descobre que ela tem que levantar
a voz porque o velho é surdo, mas tem muitas
perguntas e muitas novidades.

Finalmente, o velho dorme e Maria aproveita
o momento para orar e cantar em voz baixa,
olhando para o céu com os braços cruzados sobre
os seios e seu rosto brilhante e feliz, refletindo
alguma emoção interna.

Fim

Se gostou deste livro, por favor, envie um
comentário. Obrigado!

*Excertos das sequelas*

**A Paixão de José.**

.....Quando ele expulsa uma dúvida, muitas mais surgem. E assim ele é lançado sobre as ondas da dúvida, até que, de pura exaustão, ele perde toda a segurança sobre o que é certo e o que não é.

Com o seu coração em tumulto e sem nada pelo qual se orientar, ele teme seriamente que possa enlouquecer, mas persiste na oração.

A Sua própria paciência neste tormento é prova da sua discrição e santidade, o que o torna digno da bênção singular que o espera. Enquanto isso, Maria, iluminada por Deus, está plenamente consciente da turbulência de José e, apesar da sua alma estar cheia de ternura e compaixão para com os sofrimentos do seu esposo, ela também, persistindo na sua obediência a Deus, não diz uma palavra sobre o assunto. Nem ela busca a intervenção dos seus primos, que poderiam facilmente por a mente de José mais descansada. Ela confia na Divina Providência para consolar José e submete-se à vontade da Sua Majestade.

Quando ela toma conhecimento da decisão de José, de deixá-la, Ela reza, em profunda tristeza, aos anjos que ministram a Palavra no seu ventre, para apresentar as aflições de José perante a Misericórdia de Deus e implorar a Deus que olhe para José como um verdadeiro Pai com aflições do seu filho. E então ela reza para que, em nome da Palavra

que Ela suporta no seu ventre, os anjos possam acalmar o coração de José e afastar da sua mente, a vontade de deixá-la. Os anjos obedecem imediatamente e por algum tempo, José encontra um pouco de paz, mas como o assunto ainda não está resolvido, as suas dúvidas voltam depressa e, mais uma vez, ele resolve deixá-la.

Tendo ansiosamente debatido a questão consigo mesmo, José decide deixar Nazaré completamente. Tendo tomado a decisão, ele decide ir embora nessa mesma noite. Ele embala algumas roupas, algumas poucas necessidades e os seus salários num saco e prepara-se para sair à meia-noite. Depois ele reza novamente, dizendo:

"Deus de Abraão, Isaque e Jacó, Tu és o único refúgio dos pobres e dos aflitos. Tu sabes que sou inocente da causa da minha tristeza e sabes do consequente perigo da condição da minha Esposa... Eu não encontro forma de restaurar a minha paz. Por forma a escolher o menos mau, vou afastar-me dela e vou para um deserto, onde ninguém me conhece e resignar-me à Tua providência. Não me desampares meu Senhor e Deus Eterno, pois eu desejo apenas a tua honra e serviço."

Ele lança-se de cara para o chão e promete ir ao Templo em Jerusalém para fazer uma oferenda de parte dos salários que ele coletou para que Deus possa proteger Maria das calamidades dos homens.

Então, ele deita-se para descansar um pouco antes da sua partida.......

## O Anjo Azul.

.....Eles retomam a viagem e sobem até ao topo de uma colina de onde podem ver um vale mais amplo com encostas em toda a volta, cobertas de casas. Belém.

quatro horas do quinto dia da sua viagem, um sábado, quando eles chegam a Belém. Porque é o solstício de inverno, o sol já começa a afundar.

"Aqui estamos em terra de David Maria. Agora poderás descansar. Pareces tão cansada..."

"Não. Eu estava a pensar...Eu acho..." Maria pega na mão de José e diz com um sorriso de felicidade" Eu acho mesmo que chegou a hora."

"Oh Senhor da Misericórdia! O que devemos fazer?"

"Não tenhas medo José. Fica calmo. Vês quão calma eu estou?"

"Mas tu deves estar a sofrer muito."

"Oh! Não, eu estou cheia de alegria. Uma alegria tão grande, tão bonita e tão incontrolável que o meu coração está a bater e a bater e a sussurrar-me que: "Ele está a chegar! Ele está a chegar a cada batida do coração. É a minha Criança batendo ao meu coração e dizendo "Mãe, eu estou aqui e estou a chegar para te dar o beijo de Deus". Oh! que alegria meu querido José!" Mas José não está alegre...ele pensa sobre a necessidade urgente de encontrar abrigo e acelera o passo. Ele anda de porta em porta pedindo quarto, mas eles estão todos cheios. Eles batem às portas dos velhos amigos, amigos de amigos, todos os seus familiares e completos estranhos, mas em todos os lugares que vão, não há espaço. Em alguns, recebem palavras duras. Outros simplesmente fecham a porta na cara deles. E enquanto isso,

Maria, com uma gravidez avançada e rodeada por um esquadrão de dez mil anjos e mensageiros, segue José enquanto vão de casa em casa e batem de porta em porta. Na sua busca, eles passam pelo registo público onde escrevem os seus nomes e pagam os seus impostos.

Eles chegam ao hotel, mas descobrem que está tão cheio que até as varandas exteriores estão cheias de campistas.

José deixa Maria em cima do jumento dentro do quintal e vai à procura de quarto nas outras casas, mas volta desanimado. O crepúsculo de inverno está a começar a alastrar as suas sombras.

José implora ao dono do hotel

Ele implora a alguns viajantes.

Ele destaca que são todos homens saudáveis. Que há uma mulher prestes a dar à luz uma criança.

Ele implora-lhes que tenham misericórdia.

Nada.

São nove horas quando José volta para Maria com uma tristeza sem fim no coração . Ao todo, eles imploraram em cinquenta lugares diferentes, e foram rejeitados e mandados embora em todos eles.

Um Fariseu rico olha para eles com desprezo e, quando Maria se aproxima, ele dá um passo para o lado evitando-a como se fosse uma leprosa.

José olha para o Fariseu e cora com desdém. Maria coloca a mão no seu pulso "Não insistas", diz ela calmamente "Vamos. Deus providenciará."

Os anjos estão surpresos com a iniquidade dos homens e ainda mais cheios de admiração pela paciência e humildade da delicada e modesta Virgem exposta naquele estado, na idade dela, ao

olhar público. É a partir deste momento, que Deus começa a honrar a pobreza e humildade entre os homens.

Eles saem e contornam a parede do hotel, até uma rua estreita, entre o hotel e algumas casas pobres e, em seguida, vão para a parte de trás do hotel onde eles procuram os estábulos. Eles encontram algumas grutas baixas e húmidas que mais parecem adegas mas as melhores estão todas ocupadas.

"Hei! Galileu!", Grita um homem velho "lá em baixo ao fundo, debaixo dessas ruínas, há um recanto. Pode ainda estar livre" Eles correm para o recanto, que está fora dos muros da cidade e uma encontram um buraco nas ruínas de um antigo edifício que leva a uma escavação na montanha; é nas fundações do antigo edifício. O telhado são escombros fixados com troncos e quase não há luz.

José tira algum material inflamável e uma pedra e acende uma lâmpada do seu saco.

À medida que entra no buraco é recebido por um berro de um boi.

"Entra Maria", diz José sorrindo. "Há apenas um boi…é melhor do que nada!"

.....

www.ingramcontent.com/pod-product-compliance
Lightning Source LLC
Chambersburg PA
CBHW061337040426
42444CB00011B/2964